baumealettres@gmail.com

ISBN : 978-2-8106-2768-4

Crédits photos :©Ouch!Illustrations,©sparklestroke,
©alvindovicto,©glitterklo,via Canva.com

Édition : BoD · Books on Demand, 31 avenue Saint-Rémy,
57600 Forbach, bod@bod.fr
Impression : Libri Plureos GmbH, Friedensallee 273,
22763 Hamburg (Allemagne)
Dépôt légal : Février 2025

FATIMA LAHBOUB

Sublimes Créatures

Recueil de Poèmes Spirituels

Table Des Matières

Introduction 9

Tempus 15

Nafssi 25

Expansion... 37

Ô l'Eau Là 43

Sahti 49

´Osri 55

Rizq 69

Al Mawt 79

Dou'a 91

Jennah 101

Symboles utilisés.................................. 113

Glossaire 114

Introduction

Imaginez un instant que les forces invisibles qui façonnent votre vie (le temps, l'ego, la mort, l'épreuve,...) aient une voix, une présence qui vous écoute, vous comprend.

Et si ces créatures d'Allah, souvent perçues comme des défis ou des obstacles, étaient en réalité les messagères d'un amour profond, prêtes à vous offrir des réponses inattendues et des conseils pour éclairer votre chemin ?

À travers ces poèmes, une conversation s'instaure avec ces créatures.

Elles ne se contentent pas de répondre à vos interrogations, elles ouvrent des perspectives nouvelles, souvent dérangeantes, mais essentielles.

Elles vous invitent à les entendre, à les comprendre, et à découvrir ce qu'elles ont à vous révéler.

Leur mission est de vous guider, de vous réaligner lorsque vous êtes perdue, de vous apporter la clarté lorsque les choses semblent floues.

Et si, derrière la souffrance ou l'épreuve, se cachait une sagesse inouïe, un amour discret mais puissant, capable de nourrir votre chemin spirituel ?

Ces poèmes ne sont pas là pour apaiser d'un coup, mais pour bousculer, pour éveiller en vous une conscience nouvelle.

Ils sont une invitation à un dialogue intime avec ces créatures, à explorer ce qu'elles ont à dire et, peut-être, à découvrir des réponses que vous ne vous attendiez pas à entendre.

Laissez-vous emporter par cette rencontre.

Peut-être trouverez-vous, dans leurs mots, non seulement des clés pour avancer, mais aussi des révélations qui transformeront votre regard sur la vie, sur vos épreuves, et sur vous-même.

Louanges à Allah, Seigneur des univers ; que Sa Bénédiction et Son Salut soient sur notre noble Prophète.

Avec tout mon amour en Lui.

Fatima Lahboub, le 6 janvier 2025

À toi ma petite Fatima, qui en avait rêvé, sans jamais oser

À vous Aly, Asma et Yousra, pour qui j'espère laisser ces mots comme une sadaqa jariya

À mes sœurs, à mes perles d'amour dont Firdaws a été la cause, à mon groupe de pairs. Puisse Allah vous récompenser de la meilleure des manières pour votre précieux soutien

À toi ma sœur qui lit ce recueil, et qui cherche avec sincérité l'amour de ton Créateur dans tout indice semé autour de toi. Puisses-tu y trouver ce que tu es venue y chercher, et plus encore !

Tempus

Je me cache derrière l'insouciance
Me repose pour anesthésier ma
conscience

Je ne sais que faire, ni où aller pour
trouver mes réponses…

Alors je te juge, Tempus*[1] je t'accuse
En espérant depuis mon lit qu'un miracle
m'excuse

Pressée de récolter les fruits d'une pointe
d'effort,
Je me décourage au moindre inconfort

À peine ai-je dis « Bismillah* » que déjà je
râle
J'ai tout juste sorti les ingrédients, que je
guette le Graal

---

[1]Tous les mots avec un astérisque sont expliqués
dans le glossaire page 114

Pourquoi c'est si long, pourquoi je n'y arrive pas?
Et aussitôt j'abandonne pour retourner scroller insta...

Désorientée, désespérée, batterie à plat
J'en ai assez d'être comme cela

Je ne suis pas tranquille, je culpabilise pas mal
Car ton témoignage auprès

d'Allah ❀ pourrait m'être fatal

Révèle-moi quelques-uns de tes secrets
Raconte-moi un peu qui tu es

Comment t'embrasser pour enfin m'élever ?

Allah ❀ par toi a juré
Et je n'ai pas envie de faire partie des égarés

Tempus, mes manches sont retroussées
Je t'écoute, car je suis enfin prête à changer

Tempus :

Eh bien, je te répondrais volontiers !

Déjà, que Dieu soit loué
Pour ta prise de conscience et ta volonté

Car comme tu l'as intégré
Je fais partie des créatures chargées entre
autre de témoigner

Je suis une unité de mesure
Qui varie selon tes besoins passés,
présents et futurs

Car tu perçois ton passé à travers ce que
tu en as saisi jusqu'à présent,
Et tu envisages ton futur depuis ta
situation du moment
Il suffit que tes perceptions changent,
pour que tu me voies autrement

Oui, ce que tu décides aujourd'hui est très
important
Et je suis triste que si peu en soient
conscients

Le petit pas que tu te forces à faire
maintenant
Est ton pouvoir, que tu reprendras
doucement

De grâce, cesse d'attendre cet illusoire
« bon moment »
Ou qu'un miracle arrive via un sauveur
charmant

Sors plutôt de ta couette, et intègre le
positif à ton bilan
Ressaisis-toi, respire, confie ta faiblesse
au Tout Puissant
Puis cherche de l'aide délibérément

Je n'apporte ni bien, ni mal,
Tout en étant un ingrédient capital

Projet durable, élévation, compréhension,
guérison
Je suis le cadre réaliste du succès de tes
actions,
La date finale pour tout idéal qui te fait
rêver
Considère-moi alors en nombre de jours
pour affûter ton efficacité.

Les moments difficiles te pousseront à te
réfugier
Vers les noms d'Allah les plus appropriés

À ce moment là pense abondamment à
répéter
La formule « inna lillahi wa inna ilayhi
raji3un* » à volonté
C'est un précieux rappel au réconfort
inégalé.

Si je peux également me livrer,
Il y a une chose pour laquelle je suis
étonné :
C'est quand on propose de me tuer

Ce n'est pas bon signe de se complaire
dans l'oisiveté
J'avance sans compromis, j'obéis à ce

qu'Allah ﷻ a décrété
Faites plutôt de votre mieux avec ce
qu'aujourd'hui vous savez

Il est toujours possible de s'améliorer
Alors avec tawakul*, un pas après l'autre,
juste avancez

Quand aux résultats, vous devez à

Allah ﷺ les laisser
Oui vraiment, c'est à Lui qu'il faut les
céder.

Je suis une chronologie, une succession
d'événements

Pour autant, que les saisons qui
reviennent ne te trompent pas
Je t'offre des repères, mais mes parties ne
reviennent pas

Tu peux me trouver impitoyable sur ce
point,
Mais tu n'es pas un hamster rejouant une
course sans fin

Je te convoque à chaque prière, au
quotidien
Pour que tu accoures au succès lors d'un
délai dépeint

Le meilleur de moi pour multiplier tes
gains,

C'est ce moment pour lequel le

Prophète ﷺ a levé ses mains,
À savoir la bénédiction pour sa
communauté le matin.

Je suis un instructeur et un correcteur
Médite sur moi, et je te délivrerai mes
saveurs

Que penses-tu par exemple à Uhud* des
archers
Qui ont quitté leur post stratégiquement
sélectionné ?

Ils l'ont fait trop tôt,
Et ça a causé un énorme chaos.

Moussa عَلَيْهِ السَّلَام aurait-il traversé la mer
pour être sauvé,
S'il n'était pas sorti la nuit comme il lui a
été révélé ?

S'il avait repoussé à plus tard,
Clairement, ça aurait été trop tard.

Et si le Prophète Muhammad ﷺ n'était pas sorti de son lit,

Pour laisser sa place à Ali رَضِياللهُعَنه ?

Que dire pour terminer

De Moussa عَلَيهِالسَّلام avec Al Khidr* trop pressé

Il n'a pas su me supporter,
Alors qu'on avait promis de lui expliquer...

Dis-moi, prends-tu le temps d'étudier l'Histoire?
J'y loge des signes, des leçons, et de l'espoir

Humilité, courage, sommations
Invocations, solutions, modèles pour chaque situation

Rien n'a été partagé en vain
Il y a tellement à apprendre sur la naissance et le déclin
D'une nation, d'une frayeur, d'un détournement, d'une trahison

D'une patience, d'une maladie, d'une guérison.

La méditation et la réflexion sont de précieuses clés
Pour augmenter ta résilience, et continuer à avancer

Est-ce que tu me connais mieux maintenant que je me suis présenté ?
J'ai assez parlé,
Et je te sens frissonner.

Moi :
Merci Tempus, merci pour ce sublime partage
Je suis émue par ces réponses qui me soulagent

Tu fais partie de l'abondance que j'ai tant recherchée
Pardonne-moi de t'avoir autant négligé

Tu es mon précieux, mon plus bel allié
Tu es la Rahma dont j'avais besoin pour me relever
Car tant que je t'ai je peux encore essayer

Avec toi mes efforts sont comptés,
mesurés
À travers toi je comprends les sagesses de
mes anciennes difficultés.

Merci infiniment pour tout ce que tu m'as
délivré
Je sens déjà du changement en moi
s'opérer

Je me remercie de t'avoir consulté

Et lorsque la trompette aura sonné,
Je souhaite de tout cœur être au meilleur
des endroits pour l'éternité

Nafssi

Assalamou alayk ya Nafssi*,
Et si on parlait en cet apaisant lundi?

J'ai sur le dos des années de « j'te l'avais
dit »
Que je traîne fidèlement tel un kit de
survie

À l'intérieur c'est un triste musée de
blessures
Où chaque souvenir a fini par devenir un
mur

Je pense les avoir gardés par détresse
J'aimerais te les rendre et gagner en
noblesse

Il y a quelques années j'étais très proche
d'Allah ,
Je sentais sa présence tout autour de moi
Soubhanallah*

La baraka malgré le peu de moyens
Faisait que je ne manquais de rien

Un jour je devais m'exposer pour prendre
un risque dans l'inconnu
Et tout à coup mes faiblesses me sont
apparues

L'espace de sécurité que j'avais toutes ces
années bâti
S'est effondré par surprise, et j'ai compris

Je m'étais énormément restreinte pour ne
pas être contrainte
Une forteresse qui se révéla soudain être
une feinte

Une brèche était désormais ouverte
Impossible de nier la réalité, ma situation
m'alerte

Toutes sortes de peurs me font paniquer
Peur qu'on me propose d'aller boire un
café

Peur de ne pas pouvoir régler le Tramway

Ou de répondre à un appel, bégayer et
dire oui sans vérifier

Alors j'ai pris sur moi pour faire plaisir et
harmoniser
Dépensé beaucoup d'effort pour avoir l'air
assurée

Pire encore, j'ai pensé que la solution était
de m'éloigner de ma spiritualité
De « redescendre sur terre »pour laisser
plus de place aux codes en société

Ya Nafssi, trop de place je t'ai laissé !

J'ai pris le chemin inverse à celui que
j'aurais dû emprunter
Qu'est-ce que je regrette aujourd'hui, car
c'est long à réparer !

Nafssi :
Ha! C'est toi qui m'as invitée

Tu étais proche de ton Seigneur, mais tu
as commencé à douter

C'est toi qui t'es tellement sentie
étrangère, que tu as demandé à leur
ressembler

Prends tes responsabilités
Et ne m'accuse pas du chemin que tu as
choisi d'emprunter.

Au lieu de te connecter davantage à ton
intériorité,
Chercher avec précision ce que tu pouvais
Lui demander,
Tu as perdu pied en pensant que les
autres pouvaient te sauver.

Si une tasse fait des dégâts une fois
renversée,
C'est avant tout parce qu'elle était pleine à
craquer.

Tu as tout fait pour être incollable, faire
mine que « toi, tu sais ».
C'est une bonne chose, mais seulement
quand c'est fait avec humilité.

Diffuser le savoir, c'est s'enrichir et
s'émerveiller

En aucun cas c'est une preuve
qu'aujourd'hui tu as compté.

De grâce, tu es bien plus qu'une
information partagée.
Fais confiance à Al 'Alim*, Al Hakim*, Lui
Il sait.

Et on en parle du jour où tu as voulu te
marier ?
Ainsi que de ce permis à passer ?

Tu m'as laissé les commandes, et ça s'est
mal terminé
Comme chaque fois que tu fais les choses
uniquement en te laissant persuader
Que si tu ne le fais pas, les autres ne vont
plus t'apprécier

Ça n'a pas loupé, échecs sur échecs tu as
essuyés
Jusqu'à ce que tu aies choisi de t'y
engager,
Dans l'intention que ça te permette
d'évoluer

De grâce, tu es bien plus qu'un statut ou un bien à amasser !

Et puis parlons de ta carrière avortée,
Des études supérieures que tu as suivies sans t'écouter
Parce que ça fait joli un diplôme hors de portée

Tu as cru qu'avec ça tu te sentirais enfin exister
Aux yeux de tes parents, de tes proches, et même du monde entier

Mais non, tout ce que tu as fait est encore plus t'éloigner
De ton Créateur, de ta nature, de tes talents innés

Quel désastre de se faire taire, de ne pas s'écouter !
Ça fait mal, et ça finit par terrasser

De grâce, tu vaux bien plus que l'attention qu'on veut bien te porter
Ton Seigneur adoré est toujours là, partout, même quand tu L'as oublié

Tu as cru que le courage c'était de faire
autant que les autres, voire les dépasser
En réalité malgré le bruit ambiant, il s'agit
surtout de te réaliser

Te débarrasser de ce qui n'est pas toi, en
aidant naturellement pour soulager
Sans chercher quiconque à impressionner
si ce n'est Allah etSa Majesté

Tous les prophètes ont été contestés
Malgré les qualités et le soutien de
prestige qu'ils avaient

Personne au monde donc ne fera
l'unanimité
Assume alors ta différence, aime-la, c'est
une richesse dont tu t'es privée.

Toi qui croyais que plaire à un maximum
de gens créerait plus de paix
Accepte cette saine façon de fonctionner

Ça me permettra aussi de me reposer
Car non, je ne suis pas censé rester avec
toi dans la durée

De grâce, tu es bien plus qu'une opinion
qu'on peut avoir à un instant t

Seul Allah ﷻ est Parfait, vise plutôt
l'objectif d'exceller
Ne déteste plus, ne nies plus les
imperfections qui t'ont été destinées
Elles sont la clé pour veiller à grandir en
toute humilité

Fais la liste de tes insécurités
Ce qui te met mal à l'aise, ce qui peut te
piquer

Accepte-les, apaise-toi avec une liste de
tes qualités
Dépense tes efforts pour noter dans quoi
tu es douée

Ainsi tu seras mieux préparée à y être
confrontée
Et avec facilité tu pourras t'améliorer

C'est tellement essentiel qu'à l'intérieur
de toi tu te sentes en sécurité

J'ai hâte que tu appliques mes conseils,
pour ne plus me manifester
J'ai hâte que tu ne laisses plus rien ni
personne prendre les rennes de ta
stabilité

Moi :

Soubhanallah, Nafssi, t'écouter me fait
palpiter
Promis, j'arrête de me laisser influencer

Tes conseils je vais les pratiquer
M'autoriser, me chercher, m'assumer dans
mon identité,

Trouver qui je suis sans vouloir plaire à
autre que Celui qui m'a créé
Posséder dans le Hamd*, être au service
de mon au-delà et de l'Humanité

Garder en tête qu'en chacun de nous du

Ruh* d'Allah ﷻ est diffusé
Et arrêter d'agir uniquement pour être
acceptée, aimée

Par contre en osant cela, j'ai peur d'être
seule, d'être abandonnée
Aurais-tu un dernier conseil afin de me
rassurer?

Nafssi :

Je comprends ton sentiment, car
effectivement cela pourra arriver

Beaucoup de ceux qui ont osé
Se sont sentis seuls à un moment donné

Ils ont persévéré malgré les difficultés
Aujourd'hui les résultats obtenus
dépassent largement le bien qu'ils avaient
imaginé

Mais chacun est invité à agir selon sa
capacité

Les modèles qu'Allah ﷻ nous a partagé
pourront t'aider à continuer d'œuvrer

Malgré la peur
Malgré les doutes intérieurs
Malgré le sentiment que quelqu'un d'autre
pourrait être meilleur

Maryam سلام الله عليها pour sa grossesse à été calomniée et isolée

Moussa عليه السّلام a eu peur devant Fir'awn d'être le seul à parler

Mohammad ﷺ a été chassé car sa religion n'était pas héritée…

Pour chacun d'eux, regarde vers qui cette solitude les a mené ?
Et au final, est-ce qu'ils ont été perdants ou dignes des plus Hauts degrés ?

Tu n'es pas seule, et tu ne l'as jamais été

Allah ﷻ a dit « Je suis avec vous, où que vous soyez »

Expansion

À chaque fois que j'ai mal, je me sens contractée
Dans mon corps, dans mon cœur, ou dans mes pensées

Aussitôt je panique d'être autant déstabilisée:
Vais-je en guérir, vais-je supporter, combien de temps cela va durer?

Mes limites sont atteintes, mes ressources épuisées
Même l'oxygène me manque, j'ai du mal à respirer

Mayday*, mayday, je suis à bout, faites de moi ce que vous voulez!
Non. Ce n'est pas vrai. Je ne veux pas m'abandonner…

Par pitié Expansion, j'ai besoin d'être soulagée
Me voilà crispée, complètement angoissée

Prends-moi dans tes bras,
Et dis-moi que ça ira

J'essaie d'inspirer, expirer,
Mais c'est saccadé

Mes larmes m'étouffent,
Mon cœur est serré

La difficulté m'assomme : et la facilité, où
est-elle cachée ?

Elle est forcément là, Allah ﷺ l'a certifié...

Expansion :

Shhhh... je suis là, laisse-toi aller
Laisse tes yeux se mouiller

Ça allège les tensions accumulées
Ça arrose les graines de la facilité
annoncée

Pleurer, c'est permettre à ton intériorité
de s'exprimer
Les larmes contiennent des messages qu'il
est sain de libérer

Comme des molécules d'eau devenues
polluantes, qui vont ainsi te nettoyer

Plus généralement, il y a tes émotions à
considérer
Accepte-les, laisse-les te traverser

Dans l'idéal, essaie de les identifier
Elles te donnent des informations sur ce
qui compose ton identité :

Ce qui t'effraie, ce dont tu as besoin, les
compétences qui t'ont manqué...
Accueille ce qui vient comme une
opportunité

Ralentis ta respiration et laisse tes
pensées défiler
Sans chercher à les retenir. Sans les juger.
Sans résister
Tu n'es qu'un réceptacle. Tu n'es pas cette
difficulté

À l'écrit ou à l'oral, tu peux te questionner
Sur ce que cette expérience, en toi, à
déclenché
Et pour quelles raisons. En toute sincérité.

Fies-toi à Allah ﷻ, et à ces signaux qu'Il t'a envoyé
Tu as quelque chose à saisir, à nourrir, à faire grandir, à élever

Mais seulement si tu m'autorises à t'envelopper
Afin de te connecter à Sa dimension illimitée,

Dissoudre ta souffrance dans l'immense Univers qu'Il a créé
Au lieu de t'en remettre à toi seule, pour finir désespérée.

Inspire doucement. Expire lentement.
C'est passager
In Shaa Allah* ça va aller

Reviens à Allah ﷻ. C'est à Lui que nous appartenons. Il connaît toute finalité
Il est Ach-Chahid*: rien ne Lui a échappé

Analyse en toi-même ce que tu peux améliorer

Allah ﷻ a probablement choisi ce moment pour te donner
Enrichir ton être, avec un horizon de vie plus grand à la clé

Car parfois méditer, lire, invoquer, se purifier
Ne suffit pas, même si les ablutions sont la base à exécuter

Inspire. Expire. Prends le temps. Bi idhniLlah*, ça va aller

Ce que les situations ou les gens ont déclenché
N'est que le reflet de ce qu'il faut en toi régler

Jusque là tu étais le cimetière des demandes mal exprimées
Remets de la vie en toi en les disant, même si c'est mal accepté

L'autre en face n'a jamais été une menace, mais une ressource à exploiter

Aussi contre-intuitif que ça puisse
paraître, chacun a besoin de ces tensions
pour se développer

Tu n'es qu'un flux qui trouve sa croissance
au rythme des mouvements traversés
Abandonne-toi donc, essaie, fais de ton
mieux, même si ça peut déborder

Rien ne se fait contre toi
Prends ta place, n'attends pas

Tout se produit au bon moment,
Pour que tu puisses évoluer réellement

Accueille ce qui t'arrive sans résister
Seuls les efforts te sont demandés

...Le reste n'est pas encore à ta portée

Inspire. Expire. C'est passager
In shaa Allah ça va aller

Chaque moment difficile était nécessaire
pour te presser
Et extraire de toi la version la plus proche
de Son Unicité

Ô l'Eau là

Hey, je suis là, partout, tout autour de toi…
Touchée, coulée, évaporée maintes fois
Je suis sûre que tu m'as déjà vu dans tous
mes états

Que la Paix soit sur toi, en toi et autour de
toi
Moi c'est l'Eau, je te propose de plonger
avec moi
En profondeur dans ton expérience ici-
bas.

Je bouillonne tellement à l'idée de te
parler de moi
Je suis source de vie, je suis en toi, et
pourtant tu ne m'exploites pas

Ton corps est majoritairement composé
de moi
Et je suis sensible à ce que tu penses et
ressens au fond de toi

Tes peurs, tes croyances,
Les idées que tu consommes et dispenses

Les espoirs, les opinions que tu nourris en
avance
Tout cela influe sur moi, me restructure
en résonance

Et se répercute directement sur ta
subconscience
Pour ne pas dire ton pilote automatique,
ton essence

La porte est ouverte à n'importe quelle
semence...
À toi donc de sélectionner celles que tu
laisseras germer avec conscience

Parfois ce sera dur de le faire, mais
courage et patience
Dans quelque temps tu te remercieras
avec abondance
D'avoir tenu et filtré même si ça semblait
perdu d'avance.

Sais-tu que ce que tu penses de toi
Modèle ce que tu es, et ce que tu seras?

Quel que soit ton passé, choisis-toi, aimes-
toi mille fois

Si tu penses ou dis du mal à ton propos,
Si tu donnes du crédit aux critiques
acerbes qu'on t'a collées au dos,

Tu valides délibérément la modification
de chaque cellule d'eau qui te compose
Qui au total abîmeront qui tu es, ton
osmose

Et si tu sèches malgré ton intention,
Ressource-toi en me renouvelant de
diverses façons :

Whudu*, Ghusl*, hydratation,
Glaçon, larme, respiration,
Transpiration, verdure, inspiration…
Je suis là, partout, tout autour de toi sous
un tas d'options

Contrariée, angoissée, stressée, énervée,
excitée… ?
Tous ces états qui créent de la contraction
dans ton corps ; je te déconseille de les
garder

Il est question d'eau à l'intérieur de toi à renouveler.
Une simple promenade en nature permet déjà de la recycler,
Comme un troc en forêt, contre ces toxines accumulées
Ou une balade sur la plage où je distrais tes pensées.

Si Allah ﷻ t'en a gratifié,
Tu peux aussi appeler la personne avec qui tu te sens pleinement acceptée

Ne serait-ce que pour échanger un regard d'amour et de réconfort inégalé
Car les molécules d'eau s'influencent même lorsqu'on est éloigné

Ce Monde ne serait-il pas un océan d'informations et d'amour en puissance?
Plonge et puise dans ce bain d'infinie connaissance.

Ah oui, autant que possible, choisis ta nourriture avec précaution

Méfies-toi par exemple de ce qui tourne
acide lors de la digestion

Car c'est un pH non souhaitable qui
perturbe toute guérison
Pire encore, il favorise ces maladies qui
laissent sans horizon.

Je suis ton meilleur allié lorsque blessée
Tu m'appliques froide sur tes gonflements
pour les soulager.

Si tu ressens des émotions difficiles à
gérer
Évacue le trop plein avec un sport qui te
fera transpirer.

Ton cerveau aura aussi besoin d'oxygène
pour exceller:
Bois suffisamment pour qu'il puisse en
puiser assez.

Rare s'en rappellent mais vous êtes
surtout de l'eau et des os...
Finalement je suis toi, tu es moi, on se
ressemble comme deux gouttes d'eau

Et si tu sèches malgré ton intention,
Ressource-toi en me renouvelant de
diverses façons:

Whudu, Ghusl, hydratation,
Glaçon, larme, respiration,
Transpiration, verdure, inspiration…
Je suis là, partout, tout autour de toi sous
un tas d'options

Sahti

Je t'aime
Je te déteste
Tu me rends fier
Tu me fais honte…

Bi Sahti*,
À tout moment je change d'avis!

Je me souviens de ces fois où je te
regardais dans le miroir,
Tellement honorée de t'avoir

Puis le lendemain j'allais à l'école
Et tout mon enthousiasme qui s'envole

Pour cela il suffisait d'une seule moquerie
Ou qu'une comparaison se fasse entre
filles

Alors ce reflet devenait une angoisse,
Et me voilà à espérer te modeler chaque
jour qui passe

Comment ai-je pu t'apprécier ou te
maltraiter
À travers les normes que les autres
pouvaient proclamer?

Je n'étais pas assez mature pour assumer
Ma différence, ma spécificité, ma propre
beauté!

Bi Sahti,
Tout cela je ne l'avais pas compris!

Ici on vantait d'être maigre pour pouvoir
prétendre à la beauté
Tandis qu'au pays t'es la risée parce que
c'est signe de pauvreté

Al hamdulilah* pour ces deux contrastes,
ils m'ont sans doute sauvée
De ressembler à un sac d'os qui fait peur à
regarder

Oui c'est violent mais c'est la claque qu'il
me fallait
Pour avoir failli accepter de te mettre en
danger

Bi Sahti,
Mes défauts n'en sont que lorsque je
donne du crédit à ces moqueries

Quand ta poitrine est raillée
Voire même à des olives comparée
Tu te dis pas grave, une fois adulte ça va
changer

Mais tu te retrouves à allaiter avec des
regards de pitié
« Oh le pauvre enfant, que va t-il pouvoir
manger?! »

Heureusement qu'Allah ﷻ m'avait envoyé
cette sage femme expérimentée
À laquelle j'ai pu parler et qui m'a
rassurée:
« La taille ne condamne pas, c'est une
croyance que moi aussi j'avais »...

Tawakul en Allah pour la santé de bébé
Et puis finalement les deux ans on les a
validé

Qu'Allah ﷻ accepte de nous ce que nous avons partagé
On fait au mieux avec nos intentions, sans plus jamais culpabiliser

Al hamdulilah pour ces preuves qui m'ont montrées
Que telle que je suis, Al Khaliq* ne m'a en rien lésée.

Bi Sahti,
Quel réconfort absolu de se rappeler Al Mossawir*, Al Bari* !

Chaque cheveu a sa beauté
Qui sera sublimée par le soin adapté

Chaque corps a ses aspects
Qui ne manqueront pas de remplir le destin qui l'attendait

Chaque personnalité a ses défauts et ses qualités
Qu'on cherchera au quotidien à équilibrer

Sans oublier qu'en réalité chacun de mes traits

Est mon héritage, mon identité, le trésor
qui vient de ma lignée

Même s'il y a des histoires qu'on a envie
d'oublier
Il y a des forces et des bénéfices à bonifier

Bi Sahti,
Il me fallait apprendre à te connaître tel
mon meilleur ami!

Comment prendre alors soin de toi au
mieux
Pour que notre voyage ensemble soit
savoureux?

J'ai cru que c'était suffisant un masque au
visage
Ou t'offrir de temps en temps un hammam
ou un massage.

Mais prendre soin de toi c'est bien plus
qu'un moment opportun,
C'est le rituel de se chouchouter au
quotidien

Et encore plus quand je ne vais pas bien

Ou pour me motiver à aller au bout des
efforts auxquels je tiens

Une douche agréable pour me
chouchouter,
Un bon livre qui va me transporter,

Un moment de calme et de silence à
savourer,
Une tisane dans une jolie tasse, à
déguster...

Testons et regardons ce qui nous exalte
sans que ce soit compliqué
Pour passer chaque jour avec soi-même
un simple moment de qualité

Bi Sahti
Voilà c'est cette quête là qui m'élève et me
nourrit

'Oori

Je te vois souffrir
Te laisser submerger à vouloir en mourir

Trouver le temps long malgré tes bonnes
actions
À te demander « pourquoi moi, je ne
mérite pas cette pression ?!»

Je sens ton cœur si contracté
Ton esprit saturé d'épreuves accumulées

Tes épaules lourdes de ce que tu as porté
Ton estomac noué de savoir que rien n'est
encore réglé…

J'ai presque envie de te demander pardon;
Te faire mal n'est pas du tout mon
intention

Je te vois malade, de recevoir tant de défis

Et ça me rend triste de voir l'idée que tu te
fais de cette vie

Car Allah ﷻ vous a avisés en jurant par
trois fois
Dans sourate Al Balad*, sur ce qui est à
expérimenter ici-bas.

Stop aux illusions, ici ce n'est pas le
Paradis,
Reste confiante, tu tireras profit de ce que
tu subis aujourd'hui

Oui, arrête de résister
Laisse-toi traverser

C'est un brouillard passager
Qui va clairement ralentir ta traversée

Mais c'est une étape nécessaire:
Il y a un changement urgent que tu n'as
pas osé faire

Et si tu regardes bien,
Faire l'autruche malgré toi ne mène à rien

Rester ainsi c'est difficile

Batailler pour changer c'est également difficile

Faire ou ne pas faire ne dispense pas de la galère
Autant retrousser ses manches et construire de nouveaux repères

Il s'agit donc de choisir ta difficulté:
Chaque situation en contient une de toute façon.

Aie confiance en Celui qui T'a créée
Je ne suis envoyée que pour transmettre une leçon, ou apporter une bénédiction

Ne penses donc plus que je suis un mal, une hantise
Demande-toi plutôt comment agir avec

l'aide d'Allah ﷻ et des dou'as* précises

Si tu doutes de l'amour d'Allah à ton égard
Rappelle toi d'Abou Lahab*, Canaan* ou Azar*

Allah ﷻ a précisément choisi de te donner l'Islam

Chasse donc cette idée, et apaise ton âme

Car malgré ce que les Prophètes leur ont
fait comme dou'as
C'était non pour eux, et c'est oui pour toi!

Tu as été choisie,
Le Roi des rois t'aime ma sœur chérie !

Fais le bilan de ce qui va:
On oublie souvent toutes nos ni'mas*

Ton œil, ton bras, ton toit
Une relation, une aide, un repas…

Il y a une multitude de bienfaits que tu ne
regardes plus
Favorisant un déséquilibre de ton point
de vue

Nomme tes émotions du moment:
T'écouter c'est très important.

Elles sont ta boussole intérieure,
Le signal que quelque chose est contraire
à tes valeurs.

Définis les changements que tu aimerais
voir
Mais seulement ceux qui sont en ton
pouvoir

Car parfois tu agis
Tu te fatigues mais rien ne se produit

Parce que tu veux absolument que l'autre
suive tes envies
Parce que tu as peur de prendre ce
nouveau chemin dans ta vie

Peur aussi de soulever le tapis
Et devoir gérer la misère, qui toutes ces
années s'y est tapie…

C'est parce que tu crois encore que tu es
une petite chose toute fragile
Incapable de gérer ce qui est difficile

Pourtant regarde tout ce que tu as fait
jusque là
Tu as une force incroyable, que tu mets au
mauvais endroit

Oui, choisis ta difficulté

Chaque situation en contient une de toute
façon
Au début c'est un sacré chantier
Pardon, mais c'est le chemin nécessaire
pour ton élévation

Ne penses donc plus que je suis un mal,
une hantise
Demande-toi plutôt comment agir avec

l'aide d'Allah ﷻ et des dou'as précises.

Attention à la réussite de celui auquel tu
te compares
C'est une perception aveuglante, qui ne te
fait voir qu'une part.

Chacun vit sa difficulté de façon
personnalisée
Ce qui fait souffrir ton voisin ne t'est pas
destiné

Et combien semblent avoir tout pour eux,
Puis un jour on apprend à quel point ils
étaient malheureux ?

Assez de tout prendre contre toi

Respire, et cherche le cadeau derrière tout
ça

Change en toi-même ce qui a besoin de
l'être
Libère ta gêne pour laisser place à ton
bien-être

À chaque fois que tu t'obstines à rester
dans ton schéma
Tu fermes la porte au renouveau qui
devait venir à toi

Pardonne-toi pour tes excès
Essaie chaque jour même si ça ne va pas
aussi vite que tu le voulais

Une autorisation que tu te donnes
aujourd'hui
Est inconfortable au début mais donnera
bientôt des fruits

Oui, le temps est un ingrédient:
Persévère et reste envers toi un juge
indulgent

Car tu peux... non, tu vas te tromper

Et tant mieux, car tu vas devoir réparer et
ajuster

C'est exactement ce qu'il te faut pour
évoluer
Et devenir un modèle en toute humilité

Explique-toi si tu n'y avais pas mis la
bonne forme
C'était maladroit, mais tu proposeras
désormais un cadre plus conforme

Oui, choisis ta difficulté
Chaque situation en contient une de toute
façon
Aie confiance en Celui qui t'as créée
Je ne suis envoyé que pour transmettre
une leçon, ou apporter une bénédiction

Ne penses donc plus que je suis un mal,
une hantise
Demande-toi plutôt comment agir avec

l'aide d'Allah ﷻ et des dou'as précises.

Ta valeur ne doit en aucun cas être remise
en cause

Les circonstances sont neutres: il y a
avantage et inconvénient dans toute chose

Ce qui se passe aujourd'hui ne te définit
pas
Tu es bien plus qu'un aspect temporaire
de ta vie ici-bas

Filtre ce que tu reçois autour de toi
Sinon jamais la paix tu ne la gagneras

Si ça te touche à ce point
Examine le lien avec tes valeurs, ainsi que
la jauge de tes besoins

Offre-toi alors ce dont tu rêves comme
réconfort
Et n'attends plus de personne d'autre qu'il
fasse cet effort

Hier tu recevais ton biberon et tu devais
être assistée
Pour que tu puisses explorer ton monde
en toute sécurité

Aujourd'hui tu te nourris par toi même
car tu as appris

Ne reste plus affamée même dans tes
sentiments et tes non-dits

Soit pour toi la mère, le père, la meilleure
amie que tu voulais avoir
Ils sont tels qu'ils sont, et ont leurs
propres besoins à pourvoir

Ne culpabilise pas d'avoir naïvement
attendu
Il n'est jamais trop tard, rien n'est perdu

Raccroche-toi à quelqu'un qui t'a donné
envie d'être meilleur
Et pourquoi pas une thérapie, si tu
ressens trop de douleur

Oui, choisis ta difficulté
Chaque situation en contient une de toute
façon
Au début c'est un sacré chantier
Pardon, mais c'est le chemin nécessaire
pour ton élévation

Ne penses donc plus que je suis un mal,
une hantise

Demande-toi plutôt comment agir avec
l'aide d'Allah ﷻ et des dou'as précises.

À l'image du parent qui prive son enfant
pour le protéger
Ou du chirurgien qui ouvre son patient
pour le sauver,

Allah ﷻ t'impose un autre regard
Et rien ne t'arrive par hasard

Il a vu ce que tu n'as pas vu
Il a entendu ce que tu n'as pas entendu

Il est Al ´Alim, l'Omniscient,
Il est Al Wakil*, Il veille, et c'est ton
meilleur Garant

Respire, apaise-toi, c'est Lui qui gère
Active ton tawakul, et agis pour Lui plaire

Tu es éprouvée parce que seule tu ne
savais pas faire
Nos relations, nos habitudes, nos pensées
ne sont pas toujours faciles à défaire

S'il y a quelque chose ou quelqu'un que tu
y perds
Sache que de toute façon cette fin devait
se faire

Ici-bas, rien ne dure pour l'éternité
Les saisons nous le rappellent chaque
année

Tu n'es qu'une voyageuse vagabonde
Et je suis là pour te rappeler que tu n'es
pas faite pour ce monde

Le repos ce n'est pas ici que tu le
trouveras
Mais uniquement auprès du Très Haut,
enveloppée de Sa Rahma*

C'est d'ailleurs cette Rahma que tu
espères pour ton Paradis
Qui retarde parfois le sort de celui que tu
espères être maudit

Oui, Allah ﷻ veut tellement vous voir
nombreux au Paradis
Qu'Il donne encore plus de délai à celui
qui commet l'interdit

Soubhanallah, c'est difficile pour l'humain
à saisir
Car ce temps supplémentaire le fait
souffrir

Je suis bouleversée de te le dire
Car cet amour inconditionnel me fait
frémir

Allah ﷻ donne à tous la possibilité de se
repentir du mal fait
Ou de continuer et sceller son mauvais
sort à tout jamais

Que celui qui veut s'améliorer commence
aujourd'hui
Car demain n'est à personne garanti

Patiente et œuvre, future habitante du
Paradis
Tout trésor convoité a forcément un prix...

Rizq

Ton cœur bat la chamade
Tu penses à moi à en devenir malade

Qu'as-tu?
De quoi te soucies-tu?

Moi:

Ô cher Rizq*, je n'ai pas assez
J'ai la boule au ventre pour tout ce que je
dois payer

Est-ce que ce mois-ci va passer?
Allons-nous réussir à payer le loyer?

Mon cœur se serre quand je passe à la
caisse
Mes yeux se mouillent face à ces factures
qui rien ne nous laissent

Rizq, où es-tu?

À peine es-tu venu que tu as déjà disparu

Rizq :
Je suis là
Mais tu ne me vois pas

Tu m'attends sous forme d'argent
Mais ce n'est pas toujours cet aspect que
je prends

Moi :
Je suis dans le rouge, tu comprends ?
J'espère un miracle où un dépôt m'attend

C'est un poids si lourd dans mes
responsabilités
J'essaie de tenir bon malgré mon estomac
noué

Je jeûne pour économiser
Et pour que mes enfants ne se sentent pas
lésés

Mais ça ne suffit pas
Le manque est toujours là !
L'espoir qu'il me reste est un fil fragile

Et je sais que tes sagesses me seront utiles

Je veux rester dans ce qui est permis
Allah ﷻ me voit, je crains pour ma vie sans Lui

Mais tu as dit que tu n'étais pas uniquement de l'argent
Explique-moi ce que tu sous-entends ?

Rizq :

Tu es bien plus que ce que tu penses
Et ton rizq est bien plus large que les finances

Ta santé est par exemple un rizq prédestiné :
Plus tu en as et plus tu es riche de ce qu'Il t'a donné

Mais ça peut être une épreuve d'utiliser sa bonne santé pour commettre des péchés
Ou une bénédiction de vivre une maladie qui va te guider

Quel que soit ton état,

Al hamdulilah, car tu as accès à quelque
chose que d'autres n'ont pas

Moi :

D'accord, je ne l'avais pas vu comme cela
Ça me fait penser que j'ai déjà reçu du rizq
au-delà de moi

Une voisine par exemple qui m'offre un
repas
Ou un commerçant qui m'accorde une
remise à laquelle je ne m'attendais pas

Je le prenais comme de la survie
Alors qu'en fait ça m'encourage à nourrir
ma confiance en Lui

Sans compter des paroles et des dou'as
qui m'ont réconfortées
Ce qui m'avait apporté beaucoup de
sérénité

Donner ou recevoir des mots chaleureux
et sincères
Est un des plus beaux cadeaux que l'on
puisse faire

Rizq :

Je serais toujours à tes côtés
Mais effectivement cherche-moi

exclusivement dans ce qu'Allah ﷻ peut
accepter

C'est le secret pour une subsistance bénie
Qui t'apportera bonheur dans l'au-delà
avec ce qui te suffit ici

Et qui sait si tu dois être préparée pour un
rizq prochain:
Combien sont devenus fous en devenant
riche du jour au lendemain

L'argent n'est qu'une monnaie d'échange
et un flux
Qui apporte des bienfaits quand il n'est
pas complètement retenu

Dépense, épargne et investi de façon
éthique
Tu seras interrogée sur la façon dont tu as
dépensé ton viatique

Rappelle-toi que ton père Adam عَلَيْهِالسَّلام est sorti du Paradis
Parce qu'il a cédé à la tentation sur l'interdit

Rappelle-toi aussi qu'il a sincèrement regretté
Et que le pardon lui a été accordé.

À chacun d'entre vous Il a prédestiné sa subsistance ici-bas
Mais le moyen pour l'obtenir vous est laissé au choix

Moi:

Ah, je vois, mon travail et mes efforts sincères
Sont donc un moyen de prouver ma piété sur Terre

Aussi je vais laisser plus de place à la baraka
Et ses miracles permanents qui ne s'expliquent pas

C'est vrai que j'ai déjà vu des gens riches
qui avaient peur de manquer
Et des gens pauvres heureux de ce qu'ils
avaient

Ça m'apaise tellement de savoir que tues
toujours là
Je me libère de ce souci et j'agis en faisant

confiance à Allah ﷻ

Rizq :
C'est beau ce que tu viens de dire
La sagesse et la guidée sont aussi à chérir

Car elles te poussent à te rapprocher

d'Allah ﷻ et des actions bénies
Pour un rizq permanent et un merveilleux
degré au Paradis

Et puis la patience développée avec un
cœur apaisé
Est un excellent capital pour celui qui est
en difficulté

Écoute par exemple le discours des
personnes pieuses éprouvées

Il y a dans leur contentement sincère de quoi s'inspirer

Moi:

Oui, c'est beaucoup plus clair à présent
Et je comprends mieux ce que je ne reçois pas sur l'instant :

C'est un rappel que c'est Allah ﷻ l'Ultime Pourvoyeur et pas moi
Je reçois toujours ce qui est meilleur au bon moment et au bon endroit

J'œuvre et je ne m'inquiète plus autant
Je donne le meilleur de moi chaque jour et à chaque instant.

As-tu une pratique à me conseiller pour rester constante?
J'aimerais tenir des habitudes qui me gardent confiante

Rizq :

Je te dirais d'abord nourris ta piété

Et tu recevras ta subsistance de manière insoupçonnée

Ne te soumets jamais à quelqu'un qui te fais souffrir
Sous prétexte que rester serait ta seule façon de t'en sortir

À chaque fois que tu doutes qu'il y a déjà une solution
Sors marcher et repense à notre conversation

Puis prends le temps d'observer un oiseau en action
Et tu comprendras que tu as accès à moi de toute façon

Demande toujours un rizq qui te

rapproche d'Allah ﷻ
Ainsi que l'amour de l'effort et du juste milieu, avec al Hamd li Llah*

N'hésite pas à consommer autrement
Et de profiter de chaque soujoud* pour invoquer abondamment

Multiplie l'istighfar*

Et refuse toute source de moyens qui
t'éloignerait d'Al Akbar*

Ne te lasse jamais d'apprendre à tous les
sujets même profanes,
Tu améliores ainsi ton comportement et
deviens une meilleure musulmane

Après chaque prière d'Al Isha

Pratique la dou'a de Fatima رضياللهعنها

Œuvre donc de la plus belle des manières
Tout en semant chaque jour pour ta
demeure dernière

Al Mawt

Oh Mawt*, tu m'as pris une âme chérie
Je n'étais pas prête, elle est déjà partie

J'ai du mal à supporter la douleur de son
absence
C'est définitif, il n'y a vraiment pas de
seconde chance!

J'avais encore plein de choses à lui dire
Je n'ai pas gardé assez de souvenirs

Si je me laisse aller
Je pourrais me comporter comme une
folle

Alors je laisse mes larmes couler
Même si cette perte soudaine me désole

Al Mawt:

Je comprends ta stupeur
C'est difficile à réaliser quand c'est l'heure

Oui son âme s'en est allée
Patiente, car c'était destiné

Patiente. Elle a été rappelée par son
Seigneur
Et ça va aller, malgré la douleur

Moi:

J'ai tellement mal, je ne fais que pleurer
Qu'est ce qui pourrait me consoler?
Qu'est-ce qui pourrait m'aider à accepter?

Je sais, c'est le destin, c'était prévu
Mais sans elle je me sens perdue

Elle n'est plus là

Qu'Allah ﷻ m'aide à supporter cela

Al Mawt:

C'est une épreuve des plus difficiles à
surmonter
Arme-toi de patience et tu seras
récompensée

Invoque pour son bien-être avec
générosité
De la rahma, le pardon, un repos, une
tombe illuminée

Allah ﷻ a rappelé sa créature bien aimée
Tandis que toi tu as encore des choses à
réaliser

Ce qui peut t'aider à patienter?
C'est de continuer à œuvrer

L'Au-delà est vérité
Le Paradis est vérité

Ici ce n'est qu'un passage,
Et vous étiez des compagnons de voyage

Quand tu es triste, médite sur comment
elle a œuvré
Redouble alors d'efforts pour espérer le
Firdaws*, et l'y retrouver

Qu'Allah ﷻ vous y réunisse avec joie
Et fasse de ce rappel une impulsion pour
toi

Moi:

Merci pour ta douceur
Dire que j'ai failli te traiter comme un
malfaiteur!

Ce n'est qu'un au revoir,
De ton côté tu ne fais que ton devoir

Al Mawt:

Oui, on m'imagine souvent comme une
méchante
Jusqu'à me représenter de manière
effrayante

Habillée d'une cape sombre
La soi-disant faucheuse qui attend dans la
pénombre

Alors que je ne suis qu'un rendez-vous
Fixé par Ar Rahman* avec chacun d'entre
vous

C'est une promesse que vous avez validé
Quand ce que vous êtes venus faire sur
Terre aura expiré

Imaginez pourtant vivre ici éternellement
Sans retour auprès du Tout-Puissant

Personne ne voudrait vivre ici pour
l'éternité
Malgré le chagrin qu'une fin peut causer

Je ne suis qu'une station
À Allah nous appartenons
Et c'est vers Lui que nous retournerons

Moi:
J'avoue m'être trop attachée
Comme si son âme m'appartenait

C'était une erreur de l'avoir fait
Désormais je l'aime en Allah, je lui
souhaite d'être en paix

Le chagrin ne partira pas tout de suite,
c'est normal
Je répète en boucle al hamdulilah´ala kulli
hal*

Al Mawt :

Bonne idée
D'autant plus que c'est ce que le

Prophète ﷺ a recommandé

Rassure-toi, Le Tout Rayonnant d'Amour
la reçoit
Dans une autre dimension où le corps ne
te limite pas

L'âme retrouve son état originel
Délivrée de son enveloppe charnelle

C'est la station d'Al Barzakh
Où déjà tu peux voir la portée de tes actes

Celui qui malgré tentations et difficultés a
patienté
S'y reposera en toute tranquillité

Celui qui a tourné le dos aux efforts
demandés
Y vivra angoissé et tourmenté

Voilà pourquoi ce bas-monde n'a pas tant
de valeur que ça
Ce que tu fais aujourd'hui est un
investissement qui vaut de l'or là-bas

Ne te laisse pas séduire par les faux-pas
acclamés
Tout est consigné et les comptes se feront
à l'arrivée

Moi:

Effectivement, ta présence me rappelle
que chaque action est considérée
Le délai que je rajoute est un risque de
rester ébranlée

Demander pardon aujourd'hui, alors que
je ne pensais pas mériter
Sauf qu'en lisant le Coran, j'y suis
chaleureusement invitée.

Oui, je saisis l'opportunité désormais
Même si du jour au lendemain ce ne sera
pas parfait

Je préfère prendre cette chance qui m'est
donnée
Car tu ne préviens pas lorsque c'est
définitivement terminé

Être en vie ce soir ne m'est même pas
garanti
Pourquoi m'ériger en obstacle pour mon
propre Paradis?!

Allah ﷻ promet de pardonner tout péché
J'arrête cette culpabilité dont Shaytan m'a
habillée

Oui, je préfère que ce que j'ai souffert dans
ce monde
Soit la cause de bonheurs et de paix dans
ma vie seconde

Demander pardon ou pardonner, ce n'est
pas oublier:
C'est abandonner ce fardeau pour avancer

Al Mawt:

Oui, investis-toi comme si tu devais rester
ici pour toujours
Sans t'attacher au résultat, puisque c'est
possiblement ton dernier jour

Le secret de cette vie serait peut-être
d'agir

Avec des objectifs précis et passionnants
pour toi à accomplir

Tout en te laissant surprendre par le
résultat,
Car le chemin se fait sous l'omniscience
d'Allah ﷻ.

Œuvre avec fermeté
Tout en étant ouverte aux signes envoyés

Peut-être que l'aboutissement que tu
pensais vouloir
Sera finalement la cause qui va révéler ton
pouvoir

Peut-être que ce que tu pensais savoir
réaliser
Sera au final plus impressionnant que ce
que tu avais imaginé.

Je suis un propulseur puissant,
Si tu tiens à tirer les meilleurs bénéfices
de ton vivant

Pour réussir, attaches-toi
quotidiennement à ton Coran

Il te rappelle avec précision ce qui compte vraiment

Et tous les soirs avant de te coucher
Cite au moins trois choses pour lesquelles tu veux Le remercier.

Ça fera de toi une âme apaisée

Pour ton retour auprès d'Allah ﷻ à chaque nuitée

Moi:

Al hamdulilah pour ces rappels touchants
Qui m'aident à faire mon deuil avec espoir de Son agrément

Effectivement tu es un filtre efficient
Pour écrémer mes décisions, mes projets, mes relations, mon travail, mon comportement...

J'ai maintenant conscience que tout moment est dernier
Qu'il est primordial de toujours mettre

Allah ﷻ en premier

J'y penserais à chaque fois que je caresserai ma veine jugulaire.

Qu'Allah ﷻ me permette d'user de mon temps de la meilleure des manières

Tu n'es qu'une station
À Allah nous appartenons
Et c'est vers Lui que nous retournerons

Al Mawt:

Le futur et le présent te tendent les bras

Jusqu'à ce délai qu'Allah ﷻ me confiera

Ne tues pas tes proches
En leur répétant que ce qu'ils sont est moche

Ne tues pas ta propre vie alors que tu es vivant
En te laissant sombrer quelle que soit l'épreuve et le moment

Prends soin de toi physiquement
Prends soin de toi émotionnellement

Tu es un pilier dans ce monde qui t'attend

Prends soin de toi, c'est important

Tu as un rôle à jouer en étant pleinement toi
Tu es responsable de missions qui ne doivent se réaliser que par toi

Certes à Allah nous appartenons,
Et c'est certes vers Lui que nous retournerons

Qu'Allah ﷻ te récompense pour ce malheur
Et te le remplace par une chose meilleure.

Dou'a

On m'a conseillé d'invoquer
abondamment
Mais on ne m'a pas appris comment

Alors j'ai pensé à t'interroger
Pour que tu me transmettes quelques clés

J'aimerais te murmurer au creux de mes
paumes
Et ressentir chaque mot envoyé comme
du baume

Prononcer des supplications
personnalisées
Jusqu'à sentir chacune de mes cellules
vibrer

Je sais qu'il y a déjà de magnifiques
formules à répéter
Et c'est un honneur de les réciter

C'est du pur miel pour mon cœur affecté,
Un énorme soutien et une guidée pour
rester mesurée

J'ai bien compris que je ne devais pas
m'empresser
Et mobiliser mon cœur pour invoquer
avec sincérité

Toujours commencer par glorifier

Allah ﷻ

Faire l'istighfar, prier sur Rasulullah* ﷺ

Arrivée là, je ne sais pas comment
demander
J'ai peur d'être attachée à des futilités

Mon but est d'avancer
Même si je ne sais pas par où commencer

Je veux arrêter de ressasser
De me dévaloriser, culpabiliser,
procrastiner

Je souhaite évoluer, essayer, persévérer,
contribuer

Avant que mon âme ne soit rappelée

Tu es la missive que Le Roi des rois reçoit
Je ne veux plus envoyer de brouillon, ni
me priver de ce droit

Dou'a :

C'est une excellente décision de partir de
tes besoins
Tu es l'humain dont tu dois sérieusement
prendre soin

Tes demandes orchestrent tes intentions
Qui deviennent le pilote de tes actions

Celles-ci vont faire éclore des habitudes
conformes
Et sceller ton destin à moins d'une autre
réforme

Tu décides ainsi de ce que tu laisses au
monde
Et de ce que tu emporteras dans ta tombe

Ton passé est ce qu'il est

Ces montagnes de « pourquoi » ne font
que garder ouverte ta plaie

C'est un bout de vie qui t'a été destiné
Tourne le dos à ce que tu ne comprendras
probablement jamais

Apprends, guéris, les erreurs font partie
de la vie
Ton présent est là pour ce futur que tu
construis

Qu'est-ce que tu aimerais vivre et
expérimenter dans l'idéal?
Rédige-le et demande-le avec précision
chirurgicale

Ce qu'Allah ﷻ peut te donner,
Faire de toi, exaucer…

Ce sont ces dou'as spécifiques qu'il te
faudra répéter
En même temps que des actions nouvelles
à instaurer

Une grâce peut être ajoutée à tes
supplications

Si tu utilises les attributs d'Allah liés à
chaque invocation

Toi-même tu te sentiras encore plus noble
lors de ta demande,
Et tu réaliseras à quel point tu es entre les
Mains du Seigneur des Mondes

Quelles routines rêves-tu de suivre?
Celles qui chaque jour te rapprocheraient
de ton idéal à vivre?

Invite-les doucement dans ta vie, tout en
supprimant les anciennes une à une.
Rédige une dou'a pour t'aider à tenir
malgré les premières lacunes

Peut-être que tu te sens incapable d'y
arriver :
Est-ce parce qu'autour de toi c'est ce qui
est répété ?

Non, Allah ﷻ a clairement certifié
À quel point Il t'a valorisé

Depuis la façon dont l'humain a été créé
Jusqu'à cette Foi qu'Il t'a donnée

Alors de quoi as-tu besoin pour mieux
t'estimer ?
Quelles dou'as particulières peuvent t'y
aider?

Quelles sont les actions à ta portée
Pour t'y atteler sans tarder?

Ça semble être la chose à faire en dernier
Mais sans carburant, est-ce possible
d'avancer ?

Si tes batteries sont vides, comment
pourrais-tu œuvrer ?
Trouves ton propre sas et fais-en une
prescription personnalisée.

Pour terminer, c'est une bénédiction de
mettre son don en lumière
Alors regroupe tes compétences
particulières :

Ta différence, ce qu'on admire chez toi
C'est un talent inné que tu aimes et renies
parfois

Invoque pour le trouver avec clarté
Et l'utiliser en bien, pour être davantage
récompensée

Si tu penses que seule c'est difficile à
exploiter

Alors demande à Allah ﷻ une compagnie
qualifiée

Et pour tous ces objectifs qui te feront
enfin avancer,
Il reste une chose à identifier:

Ce sont les obstacles qui t'empêcheraient
d'y arriver.
Note-les en toute honnêteté

Travaille alors pour t'en libérer
Et invoque pour ce dont tu souhaiterais
bénéficier

Reviens sur ces questions dès que tu te
sens stagner
Car au début les réponses peuvent être
difficiles à débusquer

L'essentiel c'est de commencer le chemin :

Un pas à la fois, c'est clairement mieux
que rien

Moi:

J'ai hâte de commencer ce travail là
Jamais je n'avais pensé à chercher les
réponses de moi à moi

Une fois les dou'as rédigées
soigneusement
Je les murmurerais aux moments
favorables à l'exaucement

Et je m'engage qu'à chaque palier validé
Je fasse une sadaqa* pour le célébrer

Dou'a:

C'est sublime !... et n'hésite pas au cours
de ta progression
À trouver auprès des Prophètes
inspiration et consolation

Chacun a été éprouvé
Dans l'aisance comme dans la difficulté

Alors selon ta situation,

Adopte leurs supplications

Leurs manières, leurs enseignements,
leurs mots confiés
Dépassent ce que tu pourrais ambitionner

Rien n'est cité au hasard

Allah ﷻ les a offerts pour celui qui veut
bien le voir

Et rappelle-toi qu'il y a trois types de
réponses lorsque tu m'envoies :
Oui. Oui plus tard. J'ai un meilleur plan
pour toi...

Jennah

Ô Jennah tant convoitée,
De toi j'ai tellement entendu parler!

Honnêtement je t'ai beaucoup réclamée,
Sans complètement savoir qui tu étais

J'ai senti la paix venant de toi,
Le repos et la tranquillité souhaités mille
fois

J'ai lu que tu étais de toute beauté
Marquée par les perles « lou-lou »

qu'Allah ﷻ a citées

Mais qui es-tu précisément?
Que trouverais-je dans tes lieux et tes
moments?

Évidemment ce n'est pas pour t'adorer
Mais pour donner la juste place à ce
monde, ses épreuves envoyées

Comprendre où se trouve le soulagement,
le repos réels
Et rester endurante, patiente, pour la
félicité éternelle

Jennah :

Allah ﷻ est As Salam*, la paix absolue
Source de Paix, de Salut

Il m'a créée afin de vous combler de
bonheurs
Pour avoir obéi malgré les appâts du
trompeur

Allah ﷻ a préparé en mon sein ce que nul
ne peut imaginer
Aucune fiction, aucune œuvre d'art, aucun
spectacle naturel ne peut l'égaler
Tout est encore plus époustouflant que ce
que tu pourrais envisager

J'ai tellement hâte de t'accueillir
Tout est prêt, tu ne vas pas en revenir !

Imagine-toi là, présente

Remplie d'amour et tellement
reconnaissante

À peine as-tu vu les portes s'ouvrir
Que tu sens la béatitude te remplir

L'odeur du musc régale tes narines
Cette merveilleuse lumière t'illumine

La mélodie des jardins et des oiseaux sont
un enchantement
Il n'y a qu'une hâte, c'est d'être dedans !

Quel beau sourire sur ton visage,
Je te sens si heureuse d'avoir persévéré à
l'ouvrage

Place à l'accueil, où chacun de vous sera
célébré
Pour ensuite entendre le crieur déclarer:

Désormais vous allez vivre pour l'éternité
Jouissant pour toujours d'une parfaite
santé

Votre âge est fixé à trente trois ans avec
une jeunesse inaltérable

Et vous vous délecterez perpétuellement
de plaisirs incomparables

Moi :

Alors ça y est, nous sommes pour toujours
en sécurité !
Fini Shaytan, son waswas*, on est enfin
délivrés

J'essaie de concevoir comment je serais
Avec un caractère et un cœur
complètement purifiés

C'est à dire… moi… et tous ceux qui sont
là, uniquement dépeints de qualités
Terminé la peur, la haine, la solitude, la
tristesse, l'anxiété

Ici on ne verra plus jamais d'abandon,
d'humiliation, de trahison, ou de rejet
On vivra exclusivement dans la plus
exquise des paix

Quelle légèreté que d'être enfin délestée
des charges, des insomnies, des doutes

C'est effectivement ici que je devais
hériter de mille serviteurs à mon écoute

Jennah:

Oui, et bien plus encore!
Des bienfaits tu en trouveras pléthore

Ici il n'y aura plus de soif, de faim, ni de
soucis de moyen
Tu ne consommeras que par plaisir des
mets divins

Vraiment, Allah ﷻ a préparé en mon sein
ce que nul ne peut imaginer
Aucune fiction, aucune œuvre d'art, aucun
spectacle naturel ne peut l'égaler
Tout est encore plus époustouflant que ce
que tu pourrais envisager

Tu ne connaîtras jamais l'ennui
Tu seras constamment épanouie

Toute obscurité est dans ces lieux révolue
Toute gêne, toute frustration, toute
difficulté, tu ne la goûteras plus

Moi:

Soubhanallah je souffre justement de mon cycle irrégulier
Que j'espère à présent être un poids réjouissant le jour de la pesée

Les menstrues, la ménopause, les lochies, les pertes variées
Tout cela, c'est terminé !

Jennah:

C'est aussi le cas pour ta pilosité,
Tu n'auras plus à t'en préoccuper

Tu hériteras de Youssouf عَلَيهِالسَّلَام la beauté
Et chaque vendredi elle ne fera qu'augmenter

Fini également les gaz, les urines, les selles,
Tes émanations seront du musc au parfum exceptionnel

Tes yeux auront la plus parfaite vision qu'il soit

Pas une once d'incapacité ne te touchera

Tes vêtements qui ne s'useront jamais
Sont bien plus fastueux que le luxe
qu'auparavant tu convoitais

Tu te souviens toutes ces fois où tu as dis
Qu'avoir le confort, le style et le bon prix
Ce serait le Paradis...
Eh bien nous-y voici !

Ils sont faits de brocard, de soie, de satin
Confectionnés à partir d'un arbre qui t'en
fournira sans fin

La couronne sur ta tête est garnie de
pierres précieuses
Dont une seule vaut plus que ton ancien
monde et ce qui le compose

Tes bijoux sont faits de perles, d'or,
d'argent...
Tout ce que tu désires porter t'attend

Vraiment, Allah ﷻ a préparé en mon sein
ce que nul ne peut égaler

Aucune fiction, aucune œuvre d'art, aucun
spectacle naturel ne peut l'illustrer
Tout est encore plus époustouflant que ce
que tu pourrais envisager

Considère par exemple mon sol fait de
musc, de safran
À la fois splendide et envoûtant

Quel délice pour ta vue et ton odorat
Jusqu'à ces jardins que tu aperçois

L'herbe est d'un vert exceptionnel,
Les arbres de véritables merveilles

À la fois abondants, sublimes et élégants
Ils sont ornés de perles, d'émeraudes, de
diamants

Leurs troncs sont d'or, de toute beauté
Leurs branches chargées de fruits aux
couleurs jamais observées

Tu as très envie d'en goûter,
Alors voilà une branche qui s'abaisse à ta
portée

Tu cueilles l'une de ces douceurs avec
facilité
Qui est aussitôt délicatement remplacée

Jamais, jamais, oui jamais
Tu n'as dégusté une texture aussi
goûteuse, juteuse et raffinée

Sache que rien ne périme ici
Il n'y a ni saison, ni attente, pour tes
envies

Des fleuves coulent à même le sol
Sans être dans un lit, sans déborder, sans
aucun bémol

Tu as une source d'eau pure, délicieuse
Une source de lait au goût inaltérable,
savoureuse

Une source de vin sans alcool, à la saveur
exquise
Et une source de miel purifié, véritable
gourmandise

On t'en apporte une coupe avec plaisir
C'est une joie de répondre à tes désirs

Un empan du Paradis
Vaut plus que ce que contient la Terre, tu
l'as compris

Allah ﷻ a préparé en mon sein ce que nul
ne peut égaler
Aucune fiction, aucune œuvre d'art, aucun
spectacle naturel ne saurait l'illustrer
Tout est encore plus époustouflant que ce
que tu pourrais envisager

Dans les airs se trouvent des lits
suspendus
À ta disposition pour tout déplacement
voulu

Bien sûr que tu en profites pour une
balade
Et constate l'harmonie, la paix, la majesté,
partout où tu regardes

Les palais majestueux sont faits de
briques d'or et d'argent
Fixées les unes aux autres par du musc en
guise de ciment

Les plantes, fascinantes, sont
Soubhanallah, Al Hamdulilah
Allahou Akbar*et Lâ ilaha illa Llah*

C'est partout un sublime spectacle

Allah ﷻ te comble affectueusement de Ses
perpétuels miracles

Comme tu as bien fait de considérer la vie
sur Terre comme un champ à labourer
Où adorations, sadaqas, dhikrs*, bonnes
actions, intentions ont été semés

Tu as bien fait de compter sur l'héritage
des vertueux
En prenant soin d'accomplir tes
obligations avec sérieux

Et te priver de l'interdît,
Qui ne profite même pas à celui qui l'a
commis

Tu as bien fait de voir tes richesses
Comme des opportunités pour investir
dans mes terres avec largesse

Et d'avoir aménagé ton emploi du temps

Pour faire du dhikr copieusement

Tu as bien fait d'étudier la sourate Al
Mulk, la mémoriser
Afin de la réciter chaque fois que tu allais
te coucher
Son intercession t'a profité
Depuis ta tombe, jusqu'à ta félicité

Allahoumma anta s-salam, wa minka s-
salam
Tabarakta ya dhul ljalâli wal Ikram*

Tout est déjà prêt.
J'ai tellement hâte de t'accueillir pour de
vrai!

Symboles:

ﷻ :gloire à Sa majesté

ﷺ :que la paix et la bénédiction d'Allah
soient sur lui

عَلَيهِالسَّلام : que la paix soit sur lui

رَضِيَاللهُعَنْ : qu'Allah soit satisfait de lui

سلامُاللهعَلَيها : que la paix d'Allah soit sur elle

رضياللهعنها : qu'Allah soit satisfait d'elle

Glossaire:

Abou Lahab : oncle du Prophète ﷺ et virulent opposant à l'Islam

Ach-Chahid : Le Témoin Suprême, Celui à qui rien n'est caché

Al 'Alim : L'Omniscient

Al Akbar : Le plus grand

Al Balad : 90ème sourate du Coran

Al Bari : Le Novateur, Celui qui a créé les créatures sans modèle précédent

Al Hakim : L'Infiniment Sage

Al Hamd li Llah : la louange envers Allah

Al hamdulilah : louange à Allah

Al hamdulilah 'ala kulli hal : louange à Allah en toute circonstance

Allahou Akbar : Allah est Le Plus Grand

Allahoumma anta s-salam, wa minka s-salam.Tabarakta ya dhul ljalâli wal Ikram : Seigneur Tu es la paix (As-Salâm), de Toi procède la paix. Sois béni, ô Toi qui es plein de Majesté et de Munificience

Al Khaliq : Le Créateur

Al Khidr : personnage mystérieux cité dans la 18ème sourate du Coran

Al Mawt : la mort

Al Mossawir : Celui qui façonne

Al Wakil : Le Suffisant

Ar Rahman : Le Tout Miséricordieux

As Salam : La Source de Paix, Le Salut

Assalamou alayk : que la paix soit sur toi

Azar : nom mentionné dans le Coran pour le père d'Ibrahim (paix sur lui)

Bi idhniLlah : avec la permission d'Allah

Bi Sahti : pour la santé de mon corps

Bismillah : au nom d'Allah

Canaan : fils du Prophète (Nuh paix sur lui), qui a refusé de le suivre

Dhikr : rappel et mention de Dieu

Dou'as : supplication, que l'on demande à Allah d'exaucer

Firdaws : nom du degré le plus élevé au Paradis

Ghusl : purification rituelle de tout le corps, également appelé « grandes ablutions »

Hamd : louange vouée exclusivement à Allah

Inna lillahi wa inna ilayhi raji3un : c'est à Allah que nous appartenons, et c'est à Lui que nous retournons

In Shaa Allah : si Dieu le veut

Istighfar : demande de pardon que l'on adresse à Allah

Lâ ilaha illa Llah : il n'y a de divinité digne d'être adorée si ce n'est Allah

Mayday : au secours

Nafssi : mon égo

Ni'ma : la bénédiction

'Osri : la difficulté

Rahma : miséricorde divine

Rasulullah : l'un des surnoms du Prophète Mohammad, paix sur lui, qui signifie messager de Dieu

Rizq : provisions ou subsistance

Ruh : l'esprit

Sadaqa : aumône, don spontané non obligatoire

Sadaqa jariya : aumône continue dont les récompenses s'étendent au-delà de notre existence terrestre

Soubhanallah : gloire à Dieu exempté de tout défaut

Soujoud : prosternation devant Allah

Tawakul : fait de placer sa confiance en Allah, tout en faisant les causes

Tempus : Temps

Uhud : montagne au nord de Médine

Waswas : murmures de Chaytan

Whudu : petite ablution